JN329212

ママがちょっと自慢の

フルーツカッティング

－簡単にできるフルーツの飾り切り－

澤野賢治
絵　さくら吹雪

柳原出版

目 次

はじめに …………………… 4
道具について …………… 5

初級

イチゴの金魚 …………… 6
小鳥のお見合い ………… 8
うちのかわいいポチ（犬）… 10
三匹の子ぶた …………… 11
森の中 …………………… 12
小鳥のアパート ………… 14
イルカの曲芸 …………… 16
柿のアヒルさん ………… 18
ネズミの兄弟 …………… 19
アヒルのおめかし ……… 20
はっけよいのこった …… 21
カニさん、カニさん …… 22
かくれんぼツリー ……… 24
やどかり君 ……………… 26
かたつむり君 …………… 27
わがはいはサルである … 28
森のようせい、ふくろうさん … 30
巣ごもり ………………… 32
親子そろってルンルン … 33

中級

秋の大運動会（玉入れ）……34
巨峰のみつばち君…………36
ツルカメ算…………………38
ばたばたひよこ……………40
赤とんぼ……………………41
うさぎのひそひそ話………42
鯉のぼり……………………43
すましたニワトリ君………44
ペンギンの水遊び…………46
私のピエロ…………………48
トムとジェリー……………50
すいれんの花………………52

上級

優雅なクジャク……………54
ランの花……………………56
バラの花……………………58
アネモネの花………………60

ホームパーティー…………62
すぐできるゾウ……………64
すぐできるコアラ…………65
ジュース……………………66
私のフルーツカッティング…68
略歴…………………………71

絵　さくら吹雪

はじめに

　私の店でおばあちゃんにイチゴで作った金魚をお出ししたら、何故か持ち帰られた。
　後日おばあちゃんが来店されたので訳を聞いてみたら、孫にこの金魚を見せて、作ってあげたかったということだった。そのおばあちゃんは金魚をみながら、早速、作って孫にみせてやると、「おばあちゃん、これ、ふぐか」といわれて二人で大笑いしたということでした。
　私の幼い頃、病気で寝た時など、母がガーゼでリンゴを絞ったジュースを飲ませてくれたことと、その味が今も忘れられない思い出になっています。おばあちゃんのお話しも心のあたたまる孫の思い出として残るように思われます。お母さんが子供たちのために、彼女が彼氏のために、フルーツカッティングの作品を作って、食前に飾ってあげ、楽しむことによって、ささやかながら、一生の思い出の一つとなることと確信しています。この本によって思い出作りの手助けになれば幸いです。

道具について

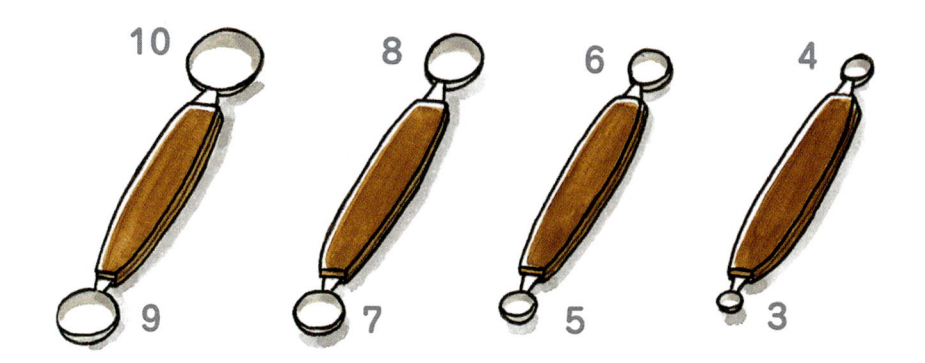

この道具はイモクリと申します。

本の中で出てくる数字はメーカーによって定まっておりませんが数字×3mm（例3×3mm=9mm）が円の直径となっているようです。

食器屋さんやデパートで販売されていると思います。

初級

イチゴの金魚

1 キウイの土台をつくる

輪切りにして、皮をむく

2 いちごでからだをつくる

ヘタと下部を切りおとす　胸ヒレにつかう　背中に切込みを2ヶ所入れる　少しずらして背ビレをつくる

3 りんごで目玉をつくる

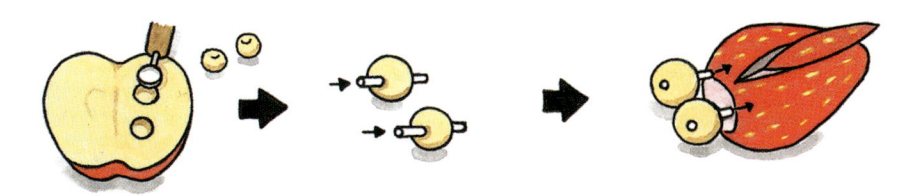

③で2コくりぬく　乾めんをさし込む　いちごにさし込む

4 いちごで尾ヒレをつくる

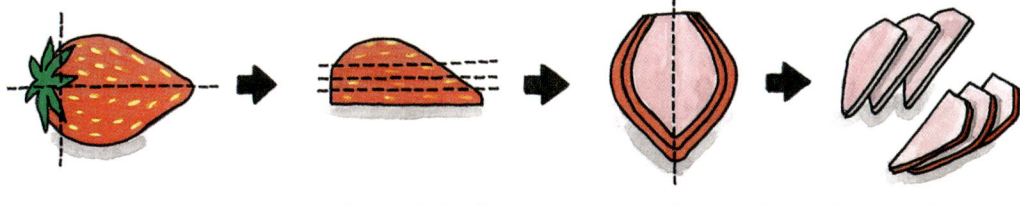

ヘタを切りおとし半分にする　4枚にうすく切る　上から半分に切る　尾ヒレ6枚

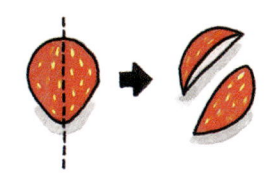

5 胸ヒレをつくる

からだをつくる時に切りおとしたいちごを半分にする

6 くみたて

素材

キウイ

いちご

りんご

乾めん

初級

小鳥のお見合い

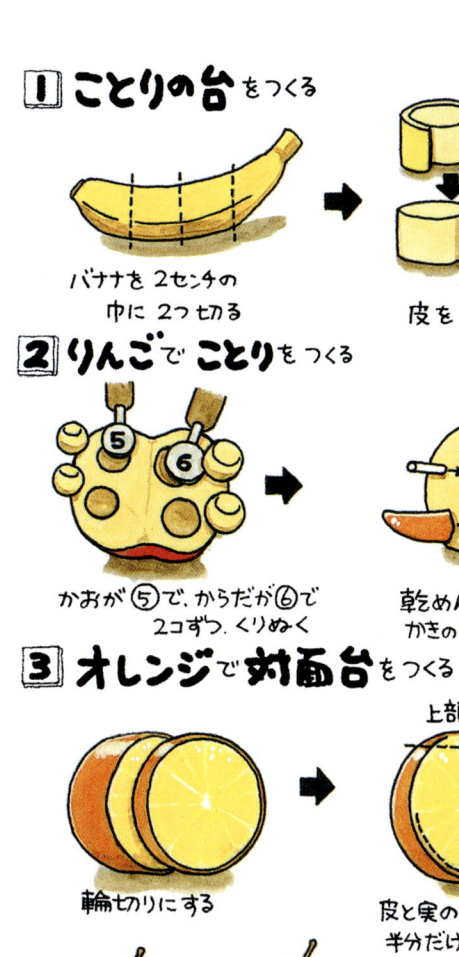

1 ことりの台 をつくる

バナナを 2センチの 巾に 2つ切る

皮を むく

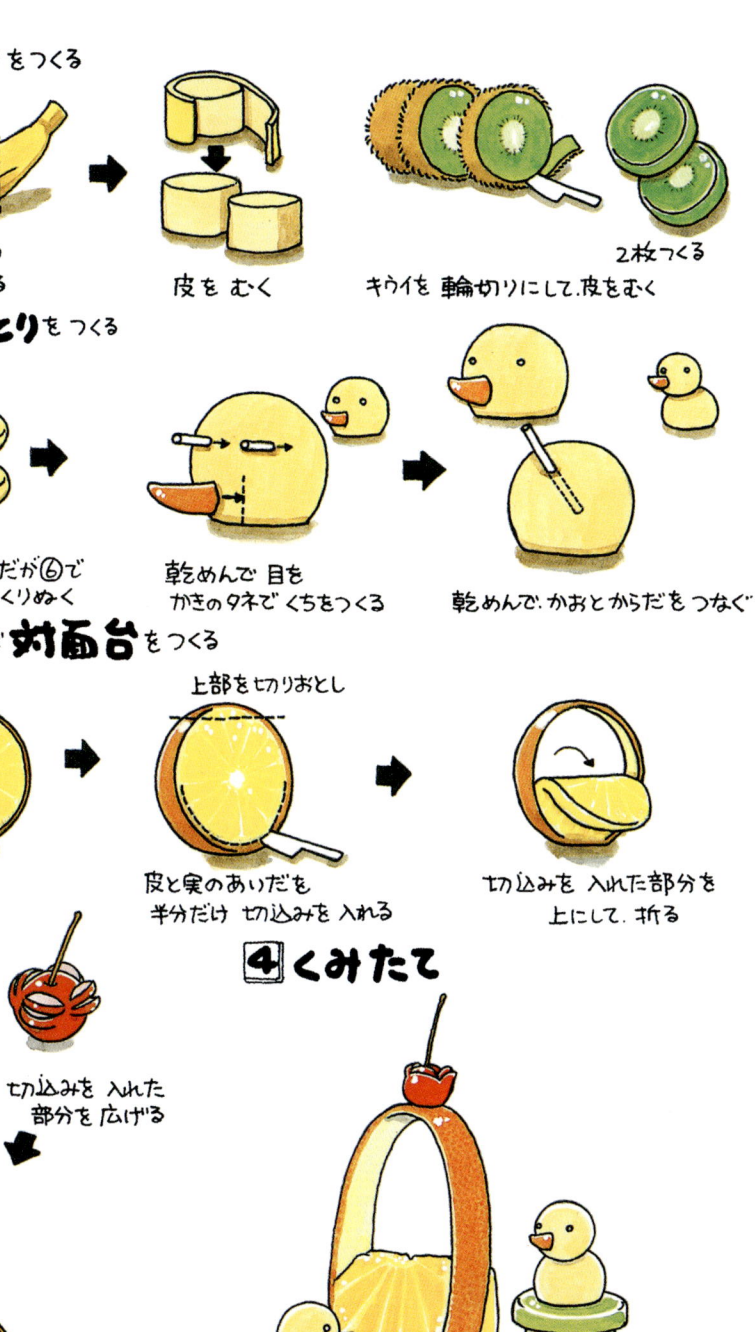

キウイを 輪切りにして、皮をむく

2枚つくる

2 りんご で ことり をつくる

かおが ⑤で、からだが ⑥で 2コずつ くりぬく

乾めんで 目を かきの タネで くちをつくる

乾めんで、かおとからだをつなぐ

3 オレンジ で 対面台 をつくる

輪切りにする

上部を切りおとし

皮と実のあいだを 半分だけ 切込みを 入れる

切込みを 入れた部分を 上にして、折る

チェリーに 切込みを入れる

切込みを入れた 部分を 広げる

4 くみたて

乾めんで、オレンジの台とつなげる

素 材
バナナ
キウイ
りんご
かきのたね
オレンジ
缶チェリー
乾めん

初級 うちの **かわいいポチ(犬)**

素材
- キウイ
- ぶどう（巨峰）
- 乾めん

1 キウイで土台をつくる
輪切りにして、皮をむく 

2 ぶどうでからだをつくる
ヘタと上部を切りおとす → 両端を少しななめに切りおとす → 少し前へずらす

3 ぶどうであたまをつくる
ヘタを切りおとす（はなに使う） → ひっくり返して、切込みを2本ずつ入れる

みみをひらいて乾めんで目をつくる → ぶどうのヘタに乾めんを通してはなをつける

4 くみたて
または

初級 三匹の子ぶた

1 キウイで土台をつくる
輪切りにして、皮をむく 

2 キウイの皮でしっぽをつくる
土台でむいた皮を細く切る → つまようじにまきつけて → しっぽの形にする

3 柿のヘタでかおをつくる
柿を半分に切る → ヘタをとり、ウラの部分に穴をあけ、乾めんを通して目をつくる → キウイのタネをとりはなにする

4 柿でからだをつくる
⑩でくりぬく

5 くみたて
かおをつける　　しっぽもつける

素材
- キウイ
- 柿
- 乾めん

初級

森の中

1 キウイで木と きのこの土台をつくる

輪切りにして、皮をむく
それぞれ 1枚ずつ つくる

2 バナナで木をつくる

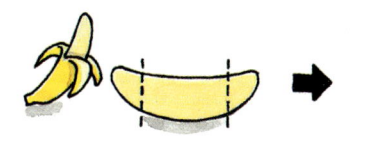

皮をむいて
両端を切りおとす

3ヶ所、⑤で
くりぬく

3 りんごで ことりをつくる

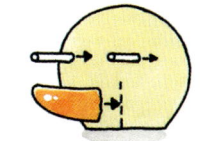

⑤で 3コ、くりぬく

乾めんで 目をつくり
かきのタネで くちをつくる

りんご

バナナに かおを はめる

4 レモンを切る

うす切り 1枚

5 木のくみたて

6 りんごで きのこの芯をつくる

切りとる 　皮をむく

7 いちごで かさをつくる

ヘタを切りおとす　包丁で 中身を くりぬく

8 きのこの くみたて

りんごに
いちごを
かぶせる

素材

キウイ

バナナ

りんご

レモン

乾めん

いちご

かきのたね 　パセリ

初級

小鳥のアパート

1 すいかでアパートをつくる

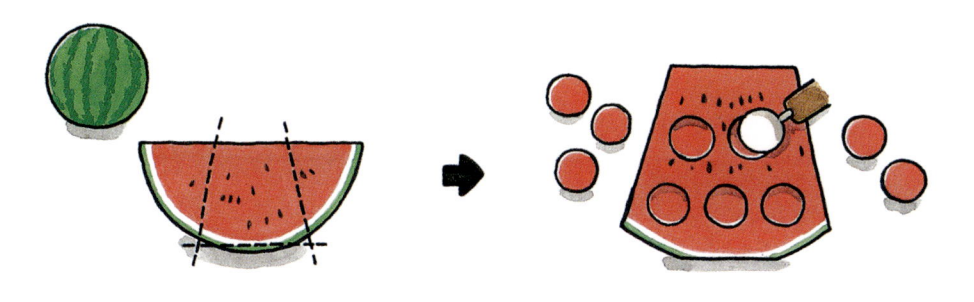

1/6にカットしたすいかの両端を切り
下部を切りおとして、安定させる

⑥で、5ヶ所、くりぬく

2 りんごでことりをつくる

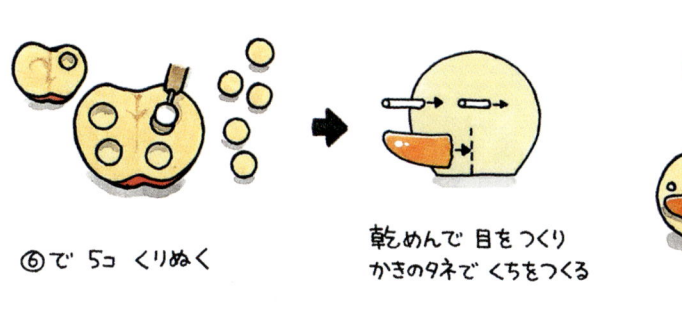

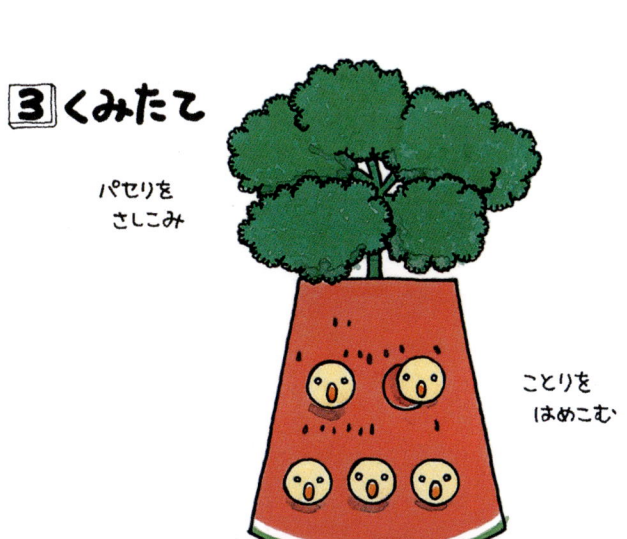

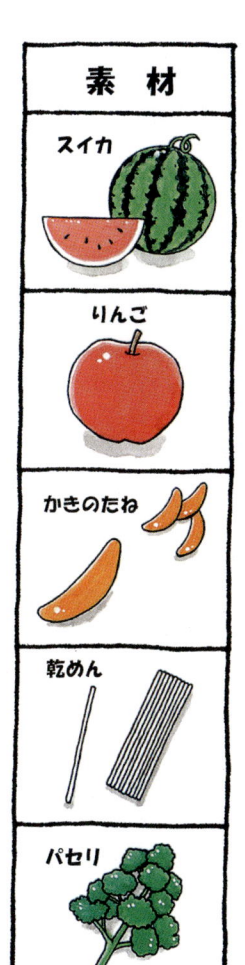

⑥で 5コ くりぬく

乾めんで 目をつくり
かきのタネで くちをつくる

3 くみたて

パセリを
さしこみ

ことりを
はめこむ

素材

スイカ

りんご

かきのたね

乾めん

パセリ

初級

イルカの曲芸

次、ボクの番だよ！

1 ぶどうでボールをつくる

ぶどうの皮を十字に切込みを入れる → さらに2本切込みを入れる → 4ヶ所、皮をむく

2 キウイで土台をつくる

輪切りにして、皮をむく

3 りんごであし元をつくる

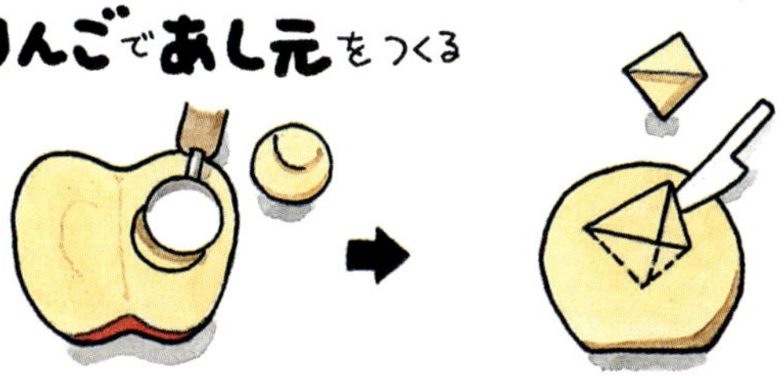

⑩でくりぬく → 包丁で三角に切込み、くりぬく

4 りんごでからだをつくる

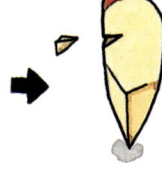

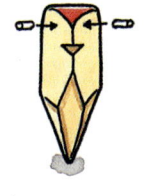

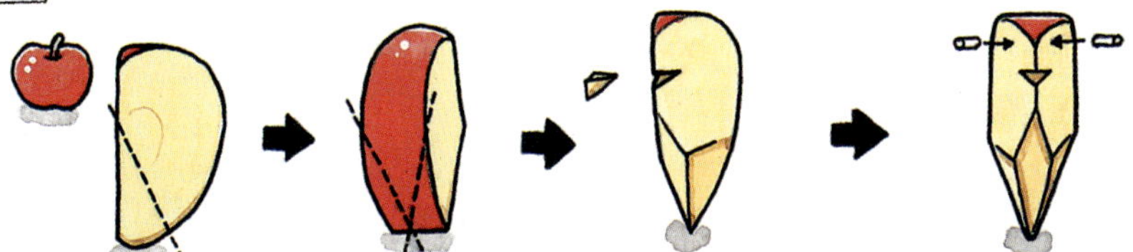

1/6に切ったりんごの下部を切りおとす → さらにななめに切って鋭角にする → くちを切りおとす → 乾めんで、目をつくる

5 りんごで胸ヒレをつくる

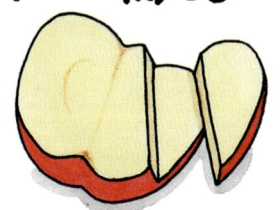

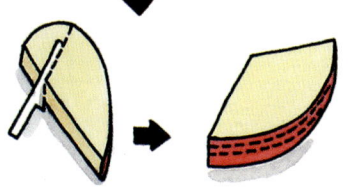

丸くなってる方を切りおとす → うすく2枚に切る

6 くみたて

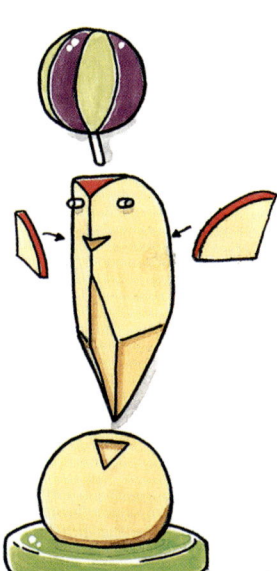

素材

ぶどう (巨峰)

キウイ

りんご

乾めん

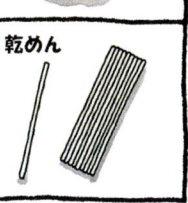

初級 柿のアヒルさん

1 キウイで土台をつくる
輪切りにして、皮をむく  

2 柿でかおをつくる
①で、くりぬく
かきのタネでくちをつくる
ひとつの目だけ乾めんを長めにさす

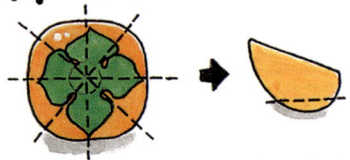

3 柿でからだをつくる
8等分に切る
皮をむく

4 チェリーで花をつくる
4ヶ所に切込みを入れる
ひらく

5 くみたて
乾めんでかおとからだをつなげる

素材
- キウイ
- 柿
- かきのたね
- 缶チェリー
- 乾めん

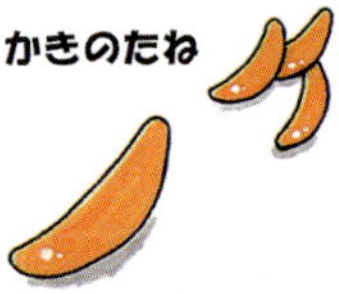

初級 ネズミの兄弟

1 キウイで土台をつくる
輪切りにして、皮をむく 

2 キウイの皮でしっぽをつくる
土台に使ったキウイの皮を半分に切る

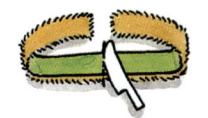

3 ぶどうでねずみをつくる
1コは、1/4切りとり、からだに

みみをさし込む部分を切込む

乾めんで目をつくり かきのタネでくちをつくる

4 くみたて
土台のキウイに、皮のしっぽをつける

もう1コは、2枚切りとり、みみにする

からだをのせ みみをさし込む

素材
- キウイ
- ぶどう（巨峰）
- 乾めん
- かきのたね

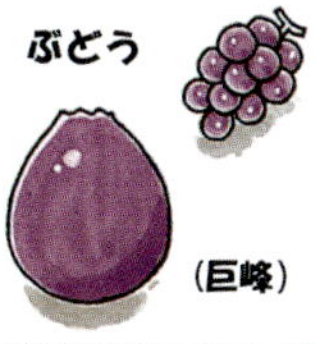

初級 アヒルのおめかし

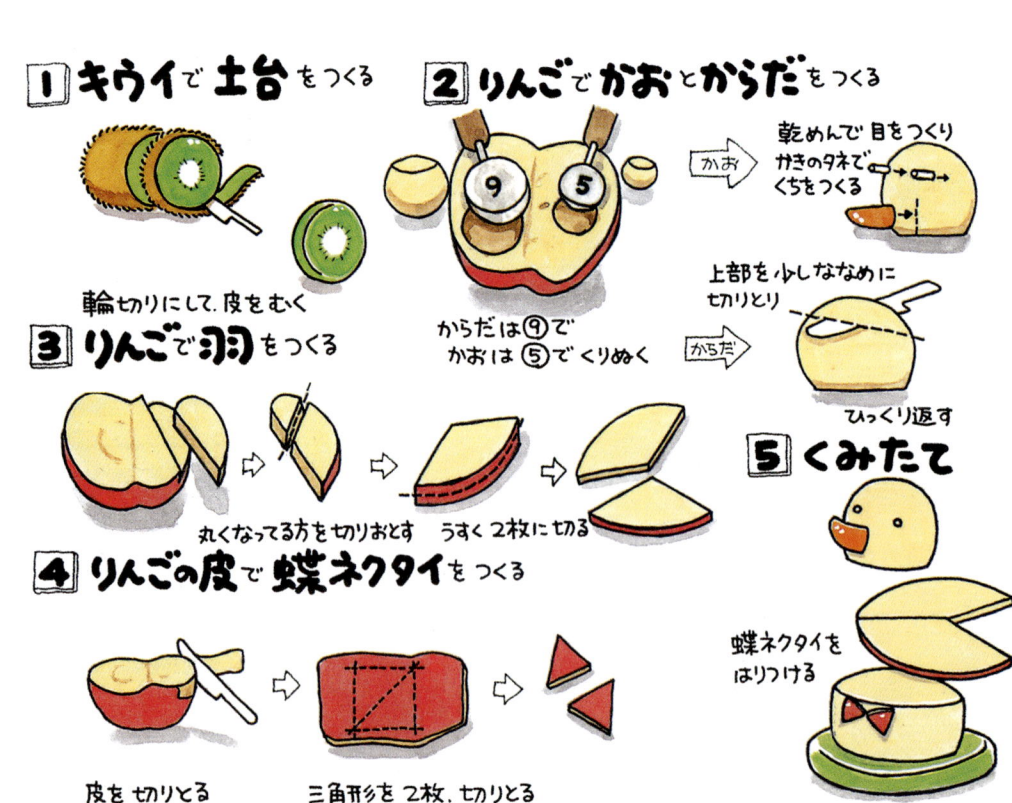

1 キウイで土台をつくる
輪切りにして、皮をむく

2 りんごでかおとからだをつくる
からだは⑨で
かおは⑤でくりぬく

→ かお：乾めんで目をつくり　かきのタネでくちをつくる

→ からだ：上部を少しななめに切りとり　ひっくり返す

3 りんごで羽をつくる
丸くなってる方を切りおとす　うすく2枚に切る

4 りんごの皮で蝶ネクタイをつくる
皮を切りとる　三角形を2枚、切りとる

5 くみたて
蝶ネクタイをはりつける

素材
- キウイ
- りんご
- かきのたね
- 乾めん

初級 はっけよいのこった

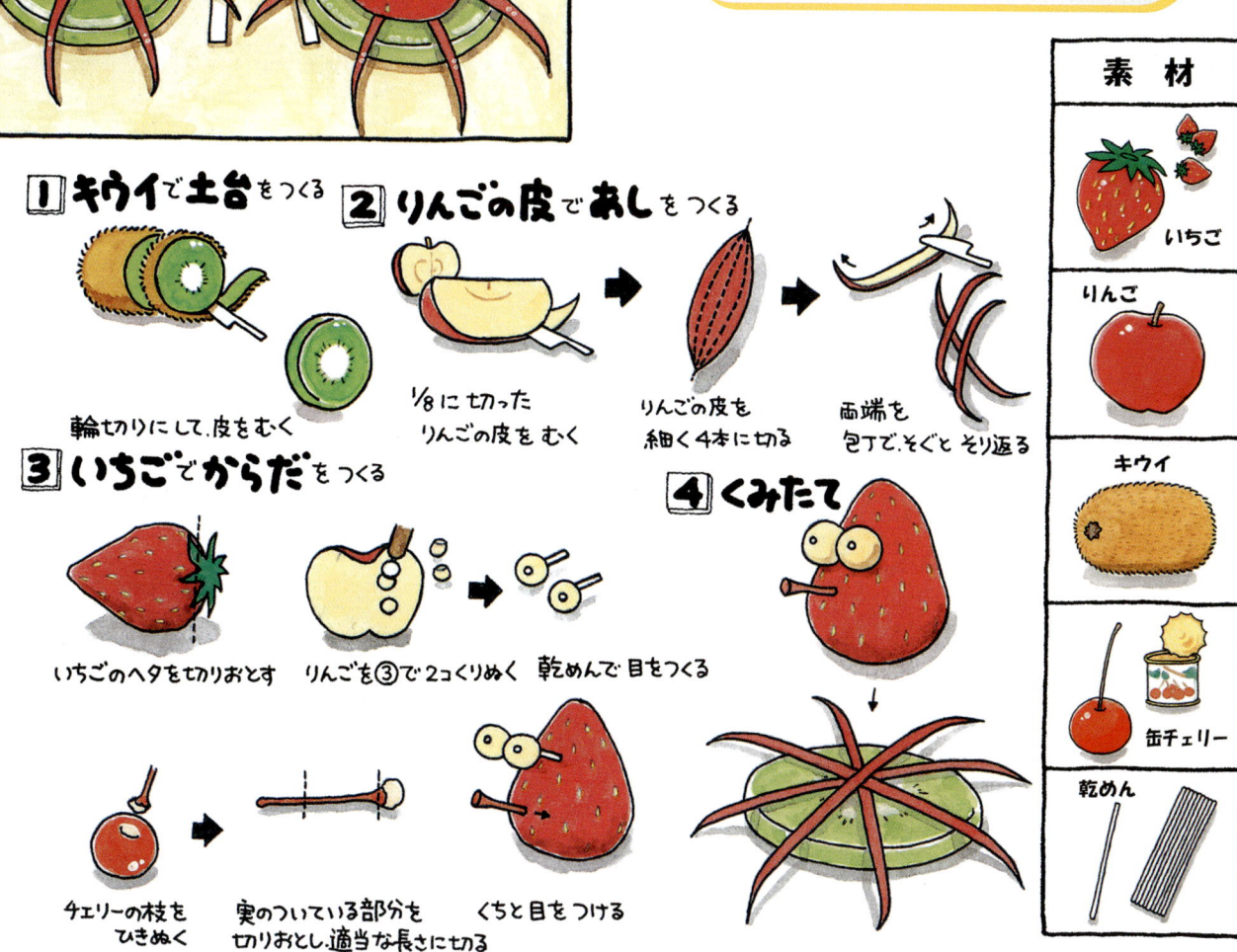

1 キウイで土台をつくる
輪切りにして、皮をむく

2 りんごの皮であしをつくる
1/8に切ったりんごの皮をむく → りんごの皮を細く4本に切る → 両端を包丁で、そぐとそり返る

3 いちごでからだをつくる
いちごのヘタを切りおとす
りんごを③で2コくりぬく
乾めんで目をつくる

チェリーの枝をひきぬく
実のついている部分を切りおとし、適当な長さに切る
くちと目をつける

4 くみたて

素材
- いちご
- りんご
- キウイ
- 缶チェリー
- 乾めん

初級

カニさん、カニさん

1 キウイで土台をつくる

輪切りにして、皮をむく

2 メロンでカニをつくる

1/8に切ったメロンを 2ヶ所、切込みを入れる

切りとる

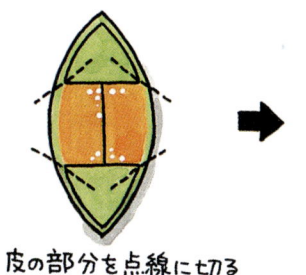

皮の部分を点線に切る

両方に切込みを入れる

切込んだ部分に皮をさし込む

3 りんごで目玉をつくる

③で2コ、くりぬく

乾めんで目をつくる

くちの形に切りとったチェリーをつける

4 くみたて

素材

キウイ

メロン

りんご

缶チェリー

乾めん

23

初級

かくれんぼツリー

1 ツリー を つくる

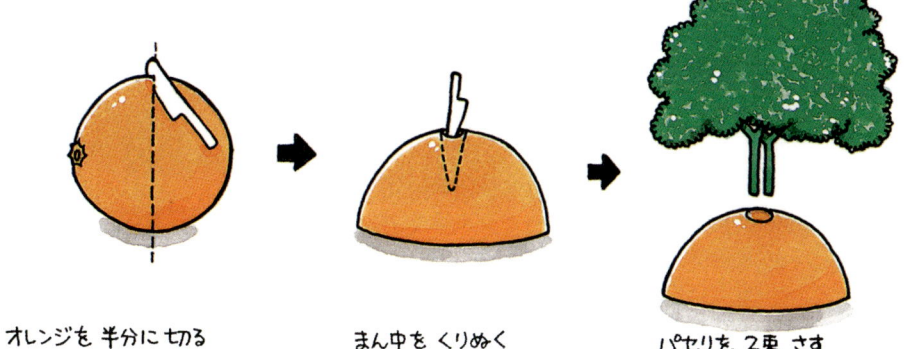

オレンジを 半分に 切る　　まん中を くりぬく　　パセリを 2束 さす

2 ことり を つくる

りんごを ⑤で 5コ (かお),
　　　　⑥で 1コ (からだ) くりぬく

乾めんで 目をつくり
かきのタネで くちをつくる

ひとつだけ 乾めんで
からだを つなげる

3 くみたて

からだのある
ことりは、いちばん上

チェリーを
ちりばめる

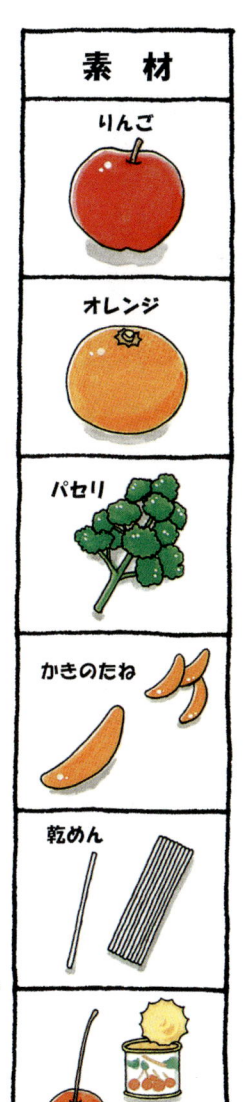

素材

- りんご
- オレンジ
- パセリ
- かきのたね
- 乾めん
- 缶チェリー

初級 やどかり君

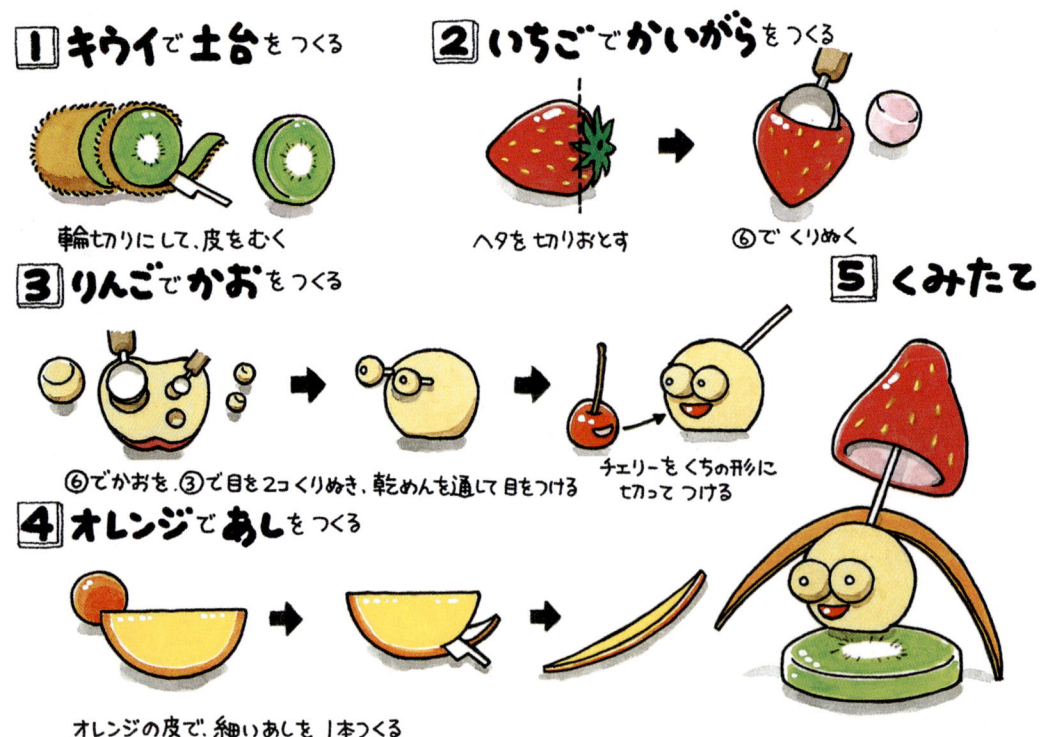

1 キウイで土台をつくる
輪切りにして、皮をむく

2 いちごでかいがらをつくる
ヘタを切りおとす　⑥でくりぬく

3 りんごでかおをつくる
⑥でかおを、③で目を2コくりぬき、乾めんを通して目をつける
チェリーをくちの形に切ってつける

4 オレンジであしをつくる
オレンジの皮で、細いあしを1本つくる

5 くみたて

素材
- キウイ
- いちご
- りんご
- オレンジ
- 乾めん

26

初級 かたつむり君

1 りんごでからだをくりぬく

⑨でくりぬく → ⑨を⑥でくりぬく → ⑥を④でくりぬく → ④に乾めんで、目が飛び出したようにつける

⑥の下部を切りおとす

⑨にメロンシロップまたはグレナデンシロップをかける

2 キウイで土台をつくる

輪切りにして、皮をむく

3 くみたて

キウイの上に⑥をのせ乾めんをさした④を入れる

さらに⑨をかぶせる

素材

りんご

乾めん

キウイ

グレナデンシロップ

メロンシロップ

27

初級

わがはいはサルである

1 キウイで土台をつくる　2 柿でかおとからだをくりぬく

輪切りにして、皮をむく

からだは ⑨ で、かおは ⑦ で、くりぬく

3 からだをつくる

半分に切って うでにする

⑨ の上部を 1/3 を切りおとす

からだ

4 かおをつくる

⑦ を ④ で ななめ上むきにくりぬく

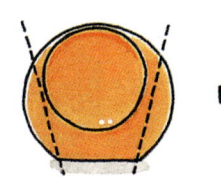

両はしを 少し ななめに切りおとす

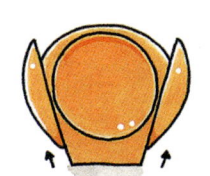

切りおとした ところを 少し上に ずらして みみにする

5 くみたて

乾めんで、目をつくり

くちの形に 切りとった チェリーをつける

素材

キウイ

柿

缶チェリー

乾めん

初級

森のようせい、ふくろうさん

1 キウイで土台をつくる

輪切りにして、皮をむく

2 オレンジでくちばしをつくる

オレンジの皮をむく　　少しとがった三角に切る

3 ぶどうでふくろうをつくる

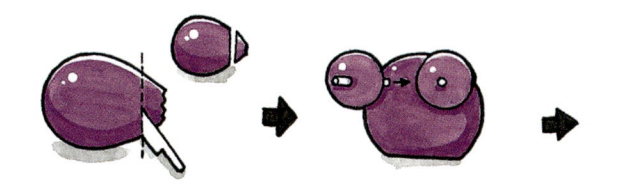

ぶどうを2コ　ヘタを切りおとす

ヘタに乾めんをさし両目をつくる

くちもとに切込みを入れ、くちばしをさし込む

4 ぶどうで羽をつくる

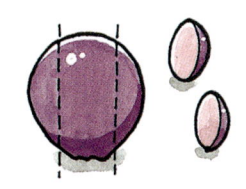

両端を切りおとす

5 木をつくる

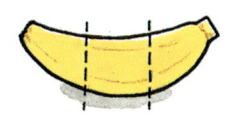

2センチくらいに切る

6 くみたて

バナナにパセリをさしチェリーをそえる

羽をそえる

素材

キウイ

オレンジ

ぶどう（巨峰）

乾めん

バナナ

缶チェリー

パセリ

初級 **巣ごもり**

1 オレンジでかごをつくる

- オレンジ半分のヘタの部分を切りおとす
- ぐるりとまわして中身を切りとる
- 中身を十字に切る
- その上に皮をおく

2 りんごでことりをつくる

- ⑤でかみを3コ
- ⑥でからだを3コ くりぬく
- 乾めんで、目をつくり かきのタネで、くちをつくる
- 乾めんでかおとからだをつなげる 
- それぞれつくる

3 くみたて

素材

- りんご
- オレンジ
- かきのたね
- 乾めん

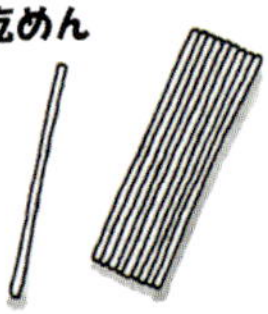

※缶チェリー
パセリ

初級 親子そろって ルンルン

1 キウイで土台をつくる
輪切りにして、皮をむく 

2 りんごでかおをつくる
⑦で、くりぬく
かきのタネでくちをつくる
ひとつの目だけ乾めんを長めにさす

3 りんごでからだをつくる
1/8に切ったりんごのまん中をななめに切る
皮をむく
下部を安定するように、切りおとす

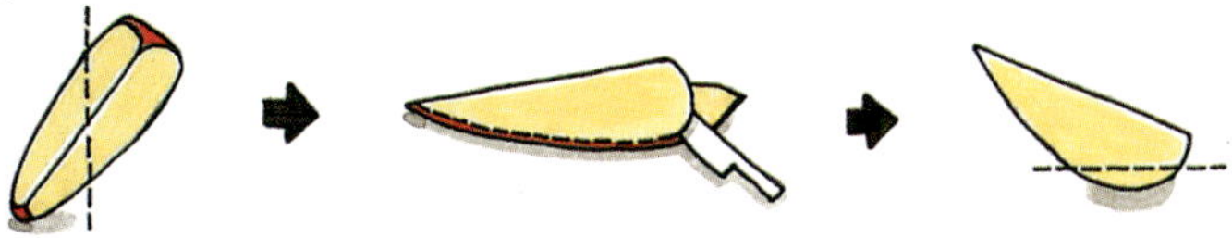

4 くみたて
乾めんでかおとからだをつなげる

大きさによって、かおのくりぬきサイズを
大→⑦、中→⑥、小→⑤にかえて、
からだの大きさも合わせて切り分けて下さい。

素材
- キウイ
- りんご
- かきのたね
- 乾めん

中級

秋の大運動会（玉入れ）

1 キウイで土台をつくる

輪切りにして、皮をむく

2 りんごで土台をつくる

⑩でくりぬく

3 レモンのかごをつくる

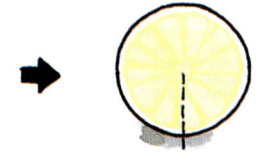

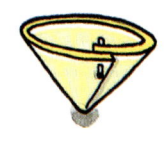

輪切りにする → 切込みを入れる → 乾めんでとめる

4 玉をつくる

それぞれ③でくりぬく

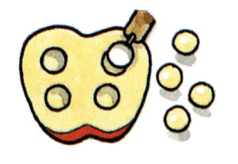

キウイで数コ　りんごで数コ　チェリーで数コ　缶みかんで数コ

5 りんごで子供をつくる

からだを⑥で2コ
かおを⑤で2コくりぬく

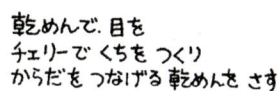

乾めんで、目を
チェリーでくちをつくり
からだをつなげる乾めんをさす

6 くみたて

かごを、りんごの玉で
はさんでとめる

素材

キウイ 
りんご
レモン 
乾めん  
缶チェリー
缶みかん

中級

巨峰のみつばち君

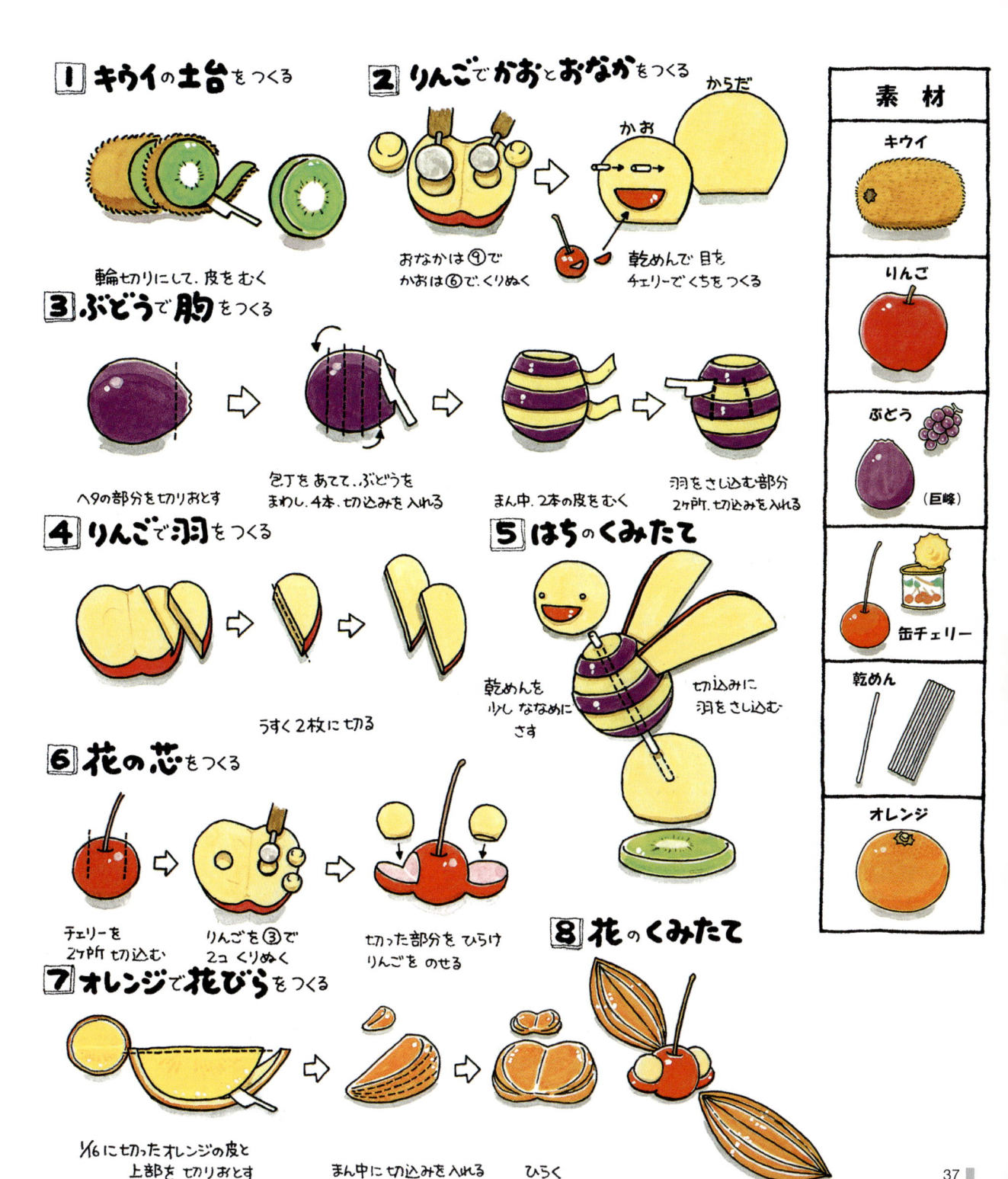

1 キウイの土台をつくる

輪切りにして、皮をむく

2 りんごでかおとおなかをつくる

おなかは⑨で かおは⑥で、くりぬく

乾めんで目を チェリーでくちをつくる

3 ぶどうで胴をつくる

ヘタの部分を切りおとす

包丁をあてて、ぶどうを まわし、4本、切り込みを入れる

まん中、2本の皮をむく

羽をさしこむ部分 2ヶ所、切り込みを入れる

4 りんごで羽をつくる

うすく2枚に切る

5 はちのくみたて

乾めんを 少しななめに さす

切り込みに 羽をさしこむ

6 花の芯をつくる

チェリーを 2ヶ所 切り込む

りんごを③で 2コ くりぬく

切った部分を ひらき りんごを のせる

7 オレンジで花びらをつくる

1/6に切ったオレンジの皮と 上部を 切りおとす

まん中に切り込みを入れる

ひらく

8 花のくみたて

素材

- キウイ
- りんご
- ぶどう (巨峰)
- 缶チェリー
- 乾めん
- オレンジ

37

中級

ツルカメ算

1 + 3 =
3 + 4 =
2 + 3 =

わかる？

ぜんぜん。

1 キウイで土台をつくる

輪切りにして、皮もむく

2 りんごでつるのかおをつくる

④でくりぬく

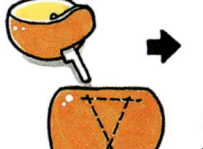

オレンジの皮でくちばしをつくる

乾めんで目をつくりくちもとに切込みを入れて、さし込む

3 りんごでつるのからだをつくる

1/8にカットしてななめに切りおとす

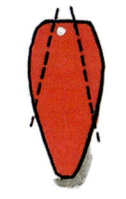

2ヶ所、切りおとす

切りおとした部分は、羽につかう

乾めんをさす

4 羽をつくる

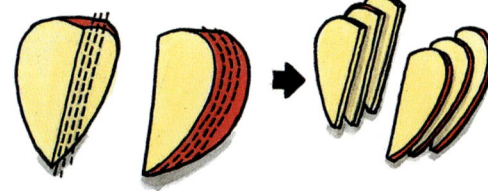

うすく切って3枚ずつつくる

5 あしをつくる

⑨で土台を③でつなぎ部分をくりぬく

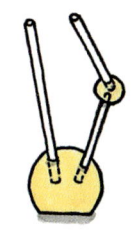

乾めんをさす

6 りんごでかめをつくる

⑨で1コ、④で1コ、③で4コくりぬく

かおの部分をくりぬく

甲らに切込みを入れて、メロンシロップをかける

乾めんで目をつくりくちを切込んでつくる

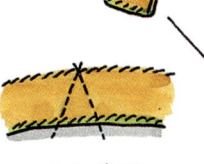

キウイの皮でしっぽをつくる

7 くみたて

素材

キウイ

りんご

オレンジ

乾めん

メロンシロップ

中級 ばたばたひよこ

1 キウイで土台をつくる
輪切りにして、皮をむく 

2 オレンジであしをつくる
オレンジの皮をむく → 三角に切りとりうすくする

3 りんごでかおとからだをつくる
からだを⑨で
かおを⑤で、くりぬく

乾めんで目を
かきのタネでくちをつくる

少しななめに切る

切口を下にして両端を
ななめに切りおとす

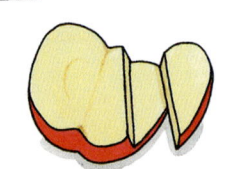

4 りんごで羽をつくる
切りとる → 丸くなってる方を切りはなす → 3枚ずつうすく切る

5 くみたて

素材
- キウイ 
- オレンジ 
- りんご 
- 乾めん

※かきのたね

中級 赤とんぼ

1 キウイで土台をつくる
輪切りにして、皮をむく 

2 りんごでからだをつくる
⑦でくりぬく → 上部1/3をカットする → 両わきを上むきに切込みを入れる

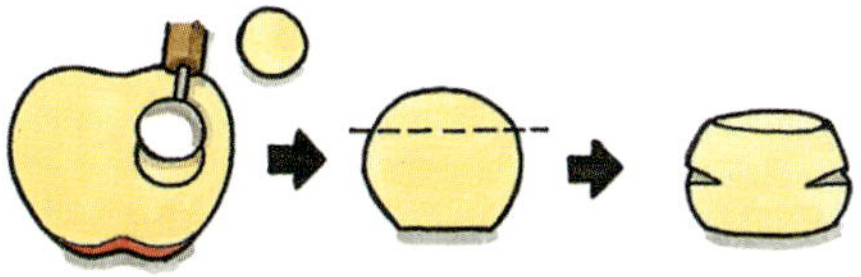

3 りんごで目をつくる
③で2コくりぬく → 乾めんをさす → からだにさす

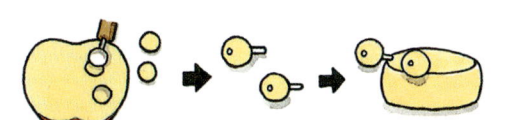

4 りんごの皮でしっぽをつくる
1/6にカットして、皮をむく → 形をととのえる

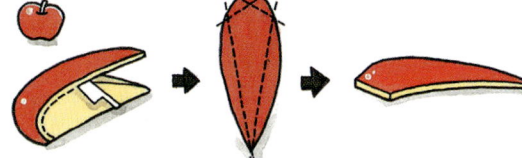

5 りんごで羽をつくる
切りとる → うすく4枚にする

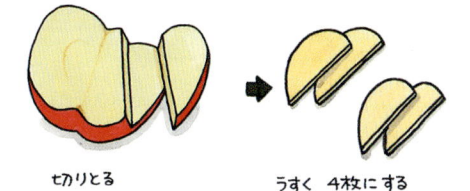

6 くみたて
羽を切込みにさし込む

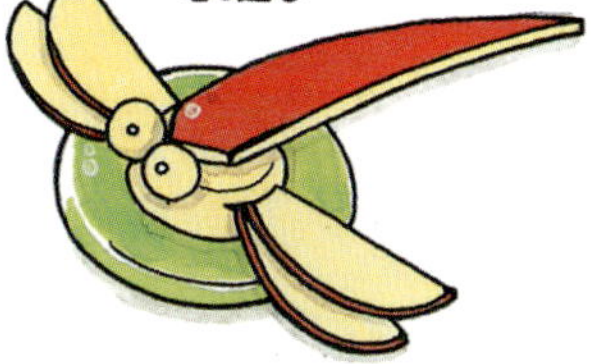

素材
キウイ
りんご
乾めん

中級 うさぎの ひそひそ話

おいしそ～。

うまんぃ

素材
- りんご
- 缶チェリー
- キウイ
- 乾めん

1 りんごでからだをつくる
からだを⑨で しっぽを③で くりぬく 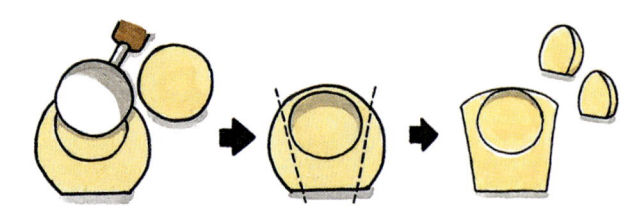

⑨を④で、くりぬく

両端を切りおとす

2 みみをつくる
チェリーの両端を切って みみにのせる

3 かおをつくる
④でくりぬいたかおに、乾めんで 目を、チェリーでくちをつくる

みみをさし込む 部分を切りぬく

4 キウイの土台をつくる
輪切りにして、皮をむく

5 くみたて

中級 鯉のぼり

1 キウイで土台をつくる
切る　／　竹串をさす

2 りんごでこいをつくる
1/8にカットし、目の部分を③でくりぬき、エラの部分に切目を入れて、皮をむく

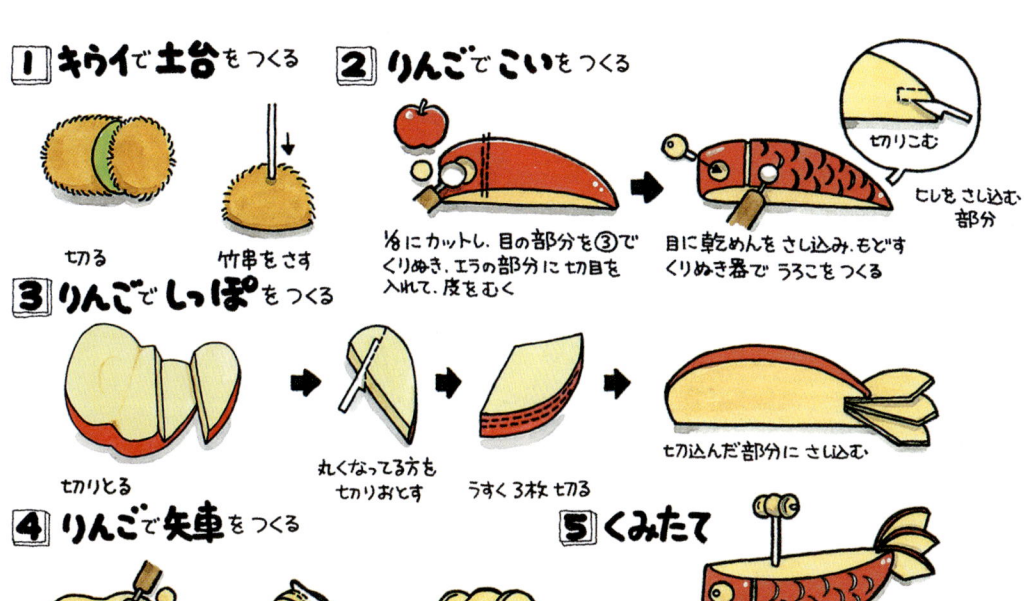

目に乾めんをさし込み、もどすくりぬき器でうろこをつくる

切りこむ／ヒレをさし込む部分

3 りんごでしっぽをつくる
切りとる　→　丸くなってる方も切りおとす　→　うすく3枚切る　→　切込んだ部分にさし込む

4 りんごで矢車をつくる
④で2コくりぬく　→　うすく2枚切る　→　乾めんを通す

5 くみたて
こいを通してから矢車をさす

素材
- キウイ
- りんご
- 乾めん

中級

すましたニワトリ君

1 キウイで土台をつくる

輪切りにして、皮をむく

2 りんごでにわとりをつくる

1/6にカットして切込みを入れる

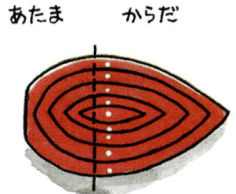

あたま　からだ

1/3のあたまと2/3のからだにきりわける

3 あたまをつくる

ななめに切りおとす → 乾めんで目をつくり、くちをさし込む部分に切込みを入れる → オレンジの皮をむく → 三角に切る

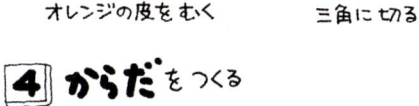

くちばしをさし込む

切込みを入れた部分を少しずつずらす

4 からだをつくる

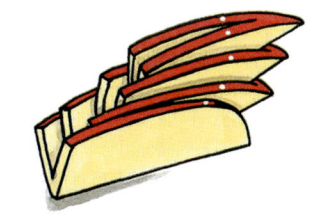

少しずつずらす

5 チェリーでとさかをつくる

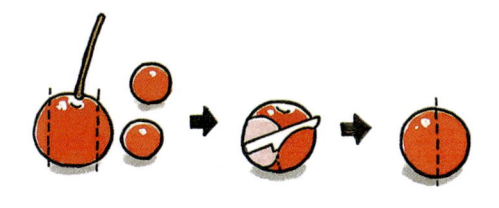

チェリーの両端を切りおとす　残ったチェリーでとさかをつくる

6 くみたて

キウイの上にクリームをつける

素材

- キウイ 
- りんご 
- オレンジ 
- 乾めん  
- 缶チェリー 
- ホイップクリーム

中級

ペンギンの水遊び

1 キウイで土台をつくる

輪切りにして、皮をむく

2 オレンジであしをつくる

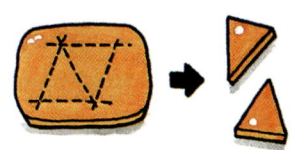

オレンジの皮をむく　　三角形を 2つ つくる

素材

キウイ

オレンジ

りんご

かきのたね

乾めん

3 りんごでペンギンをつくる

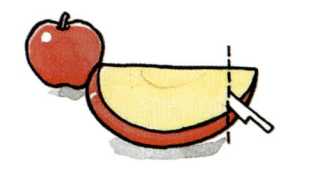

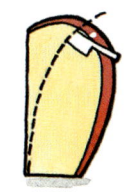

1/8に切って、あし元を切りおとす　　たてて、カーブに切る　　乾めんをさす

4 りんごで羽をつくる

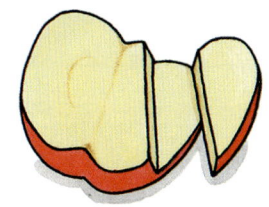

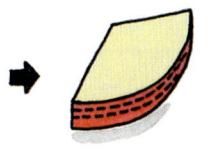

切りとる　　丸くなってる方を切りおとす　　うすく切って 2枚をつかう

5 りんごでかおをつくる

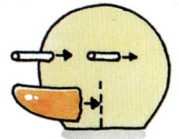

乾めんで、目をつくり
かきのタネで、くちをつくる

6 くみたて

かおをさし
羽をつける

中級

私のピエロ

1 キウイで土台をつくる

輪切りにして、皮をむく

2 いちごでからだとぼうしをつくる

からだ　ぼうし

ヘタを おとし
2/3のところを 切る

3 手・あしをつくる

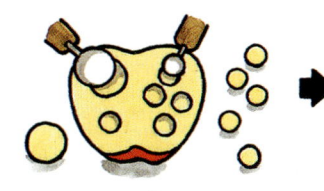

りんごを ③で5コ
⑥で1コ、くりぬく

いちごのヘタを おとし
4つ切りに する

乾めんで、いちごと
りんご③を通す

4 あたまをつくる

りんご⑥に、目を乾めんで
くちを いちごでつくる

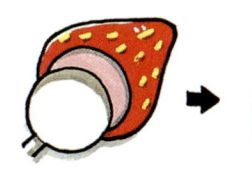

いちごのぼうしを⑥でくりぬき　乾めんで
かお、ぼうし、りんご③を つなげる

5 かざりをつくる

オレンジを 1/6に カットし
皮を 2/3ほど 切る

切込みを 入れて
先を 中に 入れこむ

6 くみたて

ぶどうの皮に
4本 切込みを 入れる

交互に 皮をむく

素材

キウイ

いちご

りんご

乾めん

オレンジ

ぶどう

（巨峰）

中級

トムとジェリー

1 キウイで土台をつくる
輪切りにして、皮をむく

2 ねこのひげをつくる
キウイの皮を細く4本に切る

3 からだ、しっぽ、みみをつくる（りんご）
からだを⑨で しっぽを③でくりぬく　⑨を④でくりぬく　④のみみの部分を切りとる　半分にして、みみにする

4 かおをつくる
チェリーで口をつくり 乾めんで目を。ひげをつける

5 からだを仕上げる
両端をななめに切りおとす

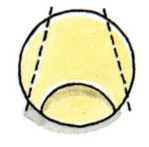

6 くみたて

1 キウイで土台をつくる
輪切りにして、皮をむく 

2 ねずみのみみをつくる（りんご）
⑤でくりぬく　底をうすく2枚切る

3 かおをつくる
みみの部分を切り込む　乾めんで目を。かきのタネで口をつくる　みみをさし込む

4 しっぽをつける
土台のキウイに 皮のしっぽをつける

5 くみたて

素材

キウイ

缶チェリー

りんご

乾めん

キウイ

りんご

乾めん

かきのたね

中級

すいれんの花

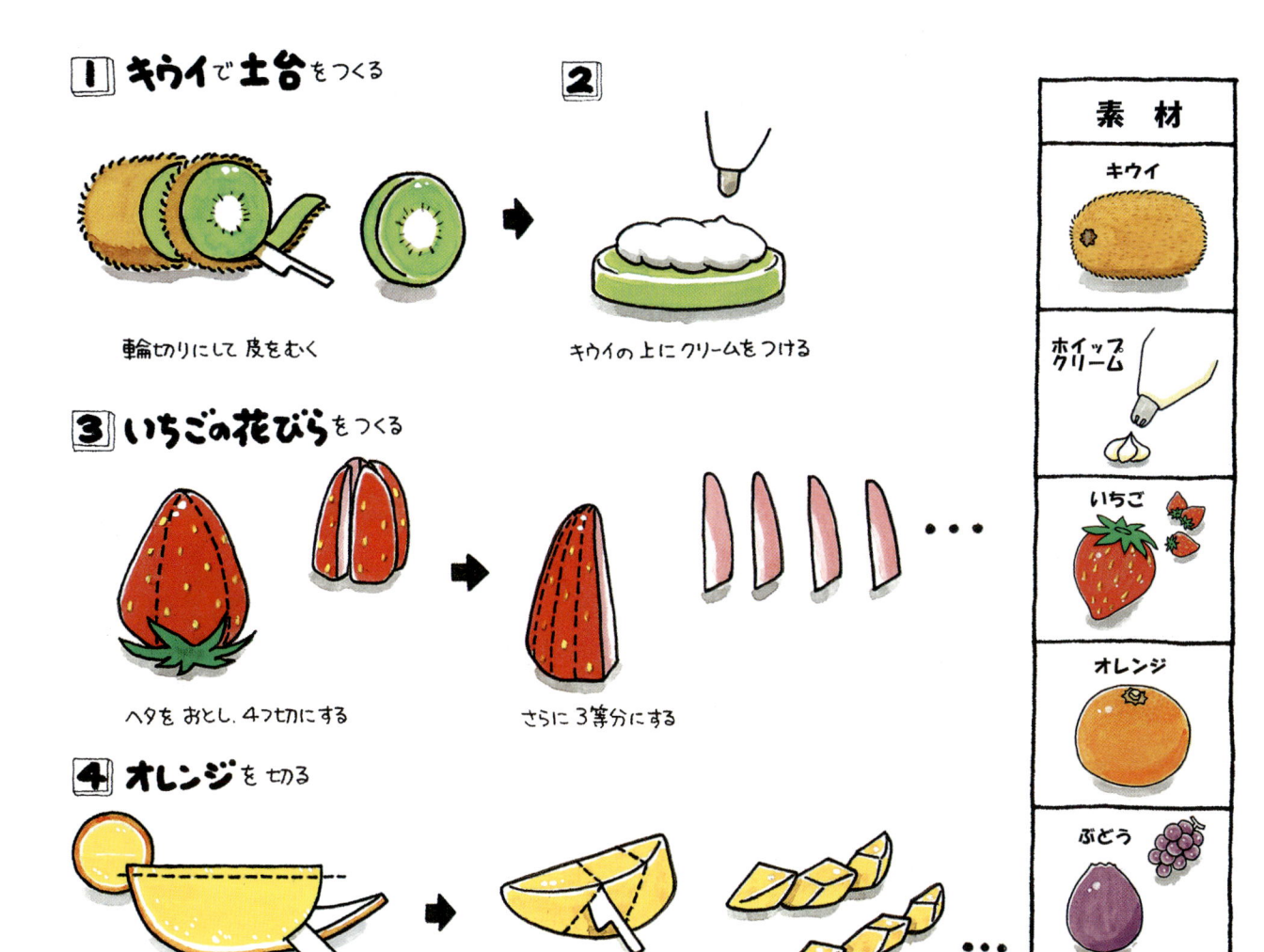

1 キウイで土台をつくる

輪切りにして 皮をむく

2

キウイの上にクリームをつける

3 いちごの花びらをつくる

ヘタを おとし、4つ切にする

さらに3等分にする

4 オレンジを切る

1/8に カットした オレンジの皮をとる

3等分に そぎ切りする

5 かざりをつくる

ぶどうを 十字に切込みを入れる

皮を 半分まで むく

6 くみたて

いちごの 花びらを のせていく

まわりに オレンジを しきつめる

素材

- キウイ
- ホイップクリーム
- いちご
- オレンジ
- ぶどう

上級

優雅なクジャク

1 キウイで土台をつくる

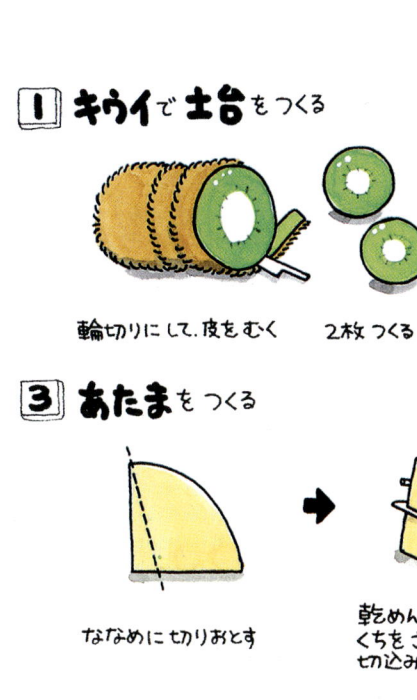

輪切りにして、皮をむく　　2枚つくる

2 りんごでくじゃくをつくる

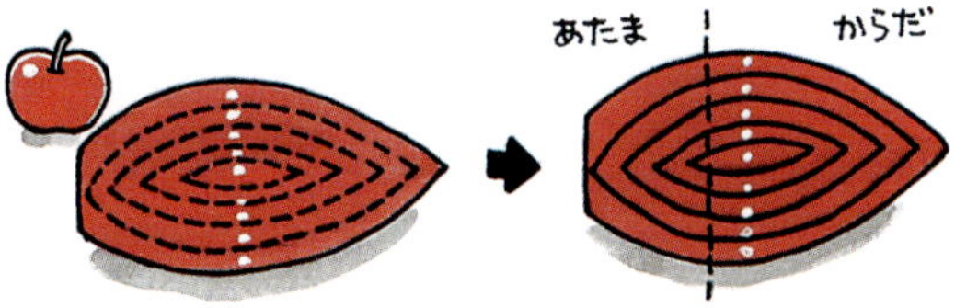

1/8にカットしたりんごに切込みを入れる　→　あたま1/3とからだ2/3に切りわける

3 あたまをつくる

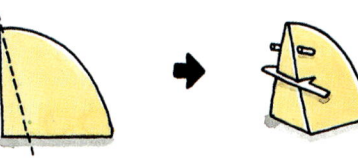

ななめに切りおとす　→　乾めんで目をつくりくちをさし込む部分に切込みを入れる　→　オレンジの皮をむく　→　三角に切る

くちばしをさし込む　→　切込みを入れた部分を少しずつずらす

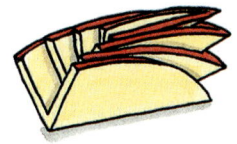

4 からだをつくる

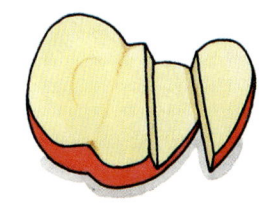

少しずつずらす

5 りんごで羽をつくる

6 羽のもようをつくる

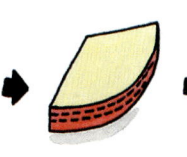

丸くなってる方を切りおとす　→　うすく切る　→　乾めんで中心をとめる

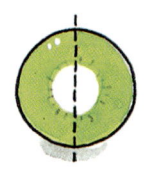

うすいキウイの輪切りを半分に切る　　缶みかんをうすく切る

7 くみたて

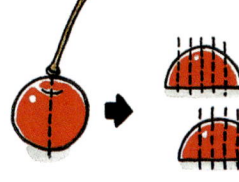

チェリーのヘタをとり半分に切る　　うすく切る

りんごの羽にキウイをはりつけ　　みかん、チェリーをはりつけていく

クリーム　　クリーム

素材

キウイ

りんご

乾めん

オレンジ

缶みかん

缶チェリー

ホイップクリーム

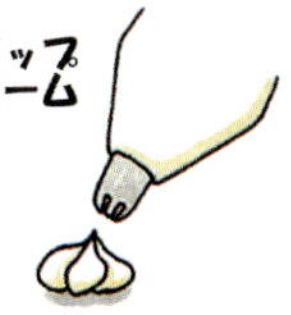

上級

ランの花

1 キウイで土台をつくる

輪切りにして、皮をむく

キウイの上にクリームをのせる

2 レモンのうつわをつくる

輪切りにして、切込みを入れる

爪楊枝でとめる

3 柿の花びらをつくる

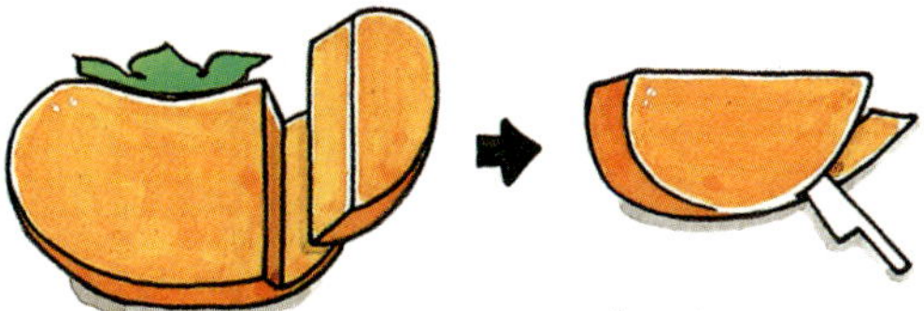

皮をむく

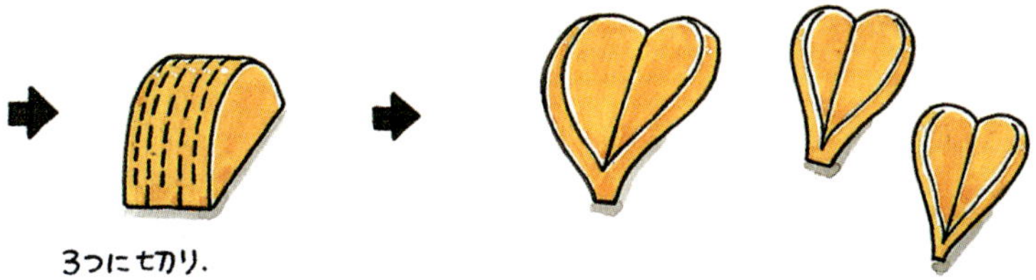

3つに切り、まん中に切込みを入れる

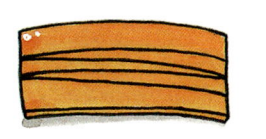

ひらく

4 柿の皮でおしべをつくる

3本つくる

包丁でけずると丸くなる

5 キウイでめしべをつくる

⑤でくりぬく

6 オレンジのはをつくる

1/8に切ったオレンジの皮をむく

切目を3本入れる

ひらく

7 くみたて

素材

キウイ

ホイップクリーム

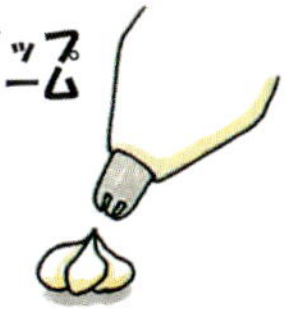

レモン

柿

オレンジ

上級

バラの花

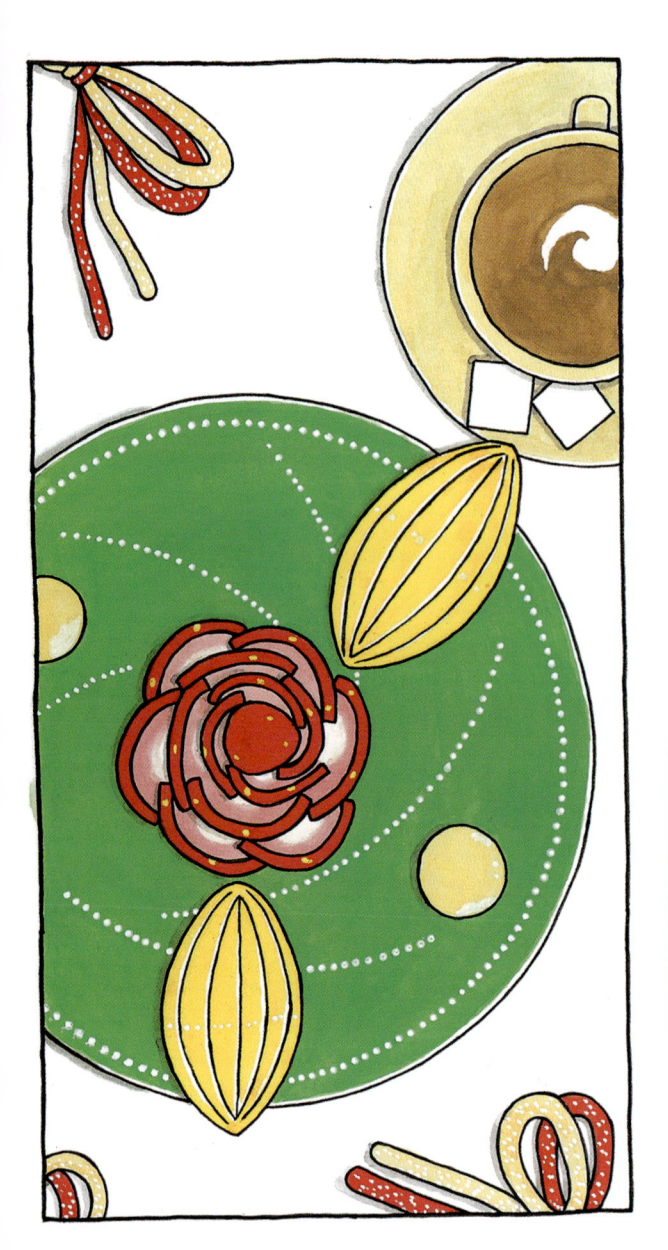

1 キウイで土台をつくる

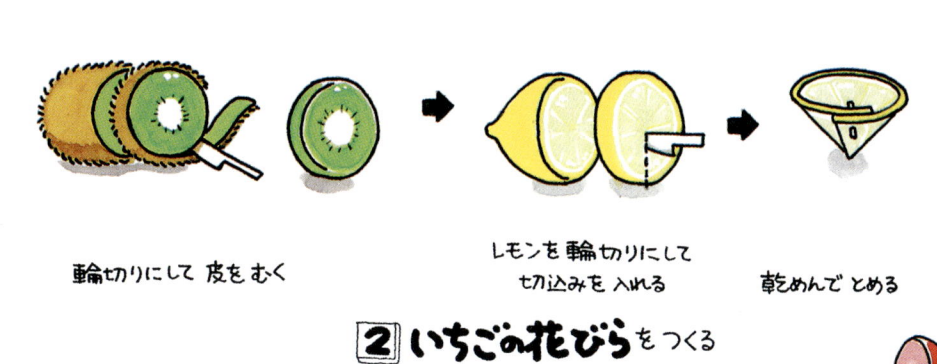

輪切りにして 皮をむく

レモンを輪切りにして 切込みを入れる

乾めんでとめる

2 いちごの花びらをつくる

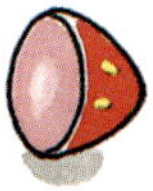

キウイの上に クリームをつける

ヘタを切りおとして 輪切りにする

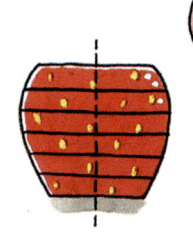

半分に切る

先っぽは 花の芯に とっておく

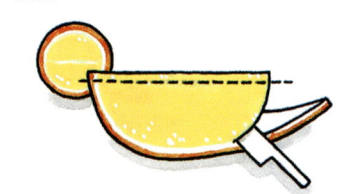

3 オレンジのはをつくる

1/8に切ったオレンジの皮をむく

切目を 3本 入れる

ひらく

4 くみたて

いちごを かさねて ならべて いき

最後、まん中に 芯をおく

素材

キウイ

レモン

いちご

ホイップ クリーム

オレンジ

上級 アネモネの花

1 キウイで土台をつくる

輪切りにして、皮をむく

レモンを輪切りにして切込みを入れる

乾めんでとめる

クリームをキウイの上、レモンの中につける

2 いちごの花びらをつくる

ヘタをおとしうすく5枚に切る

まん中を切る

3 くみたて

⑤でくりぬく

素材

キウイ

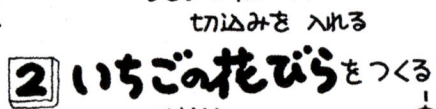

レモン

乾めん

ホイップクリーム

いちご

60

すぐできるゾウ
すぐできるコアラ
ジュース
ホームパーティー

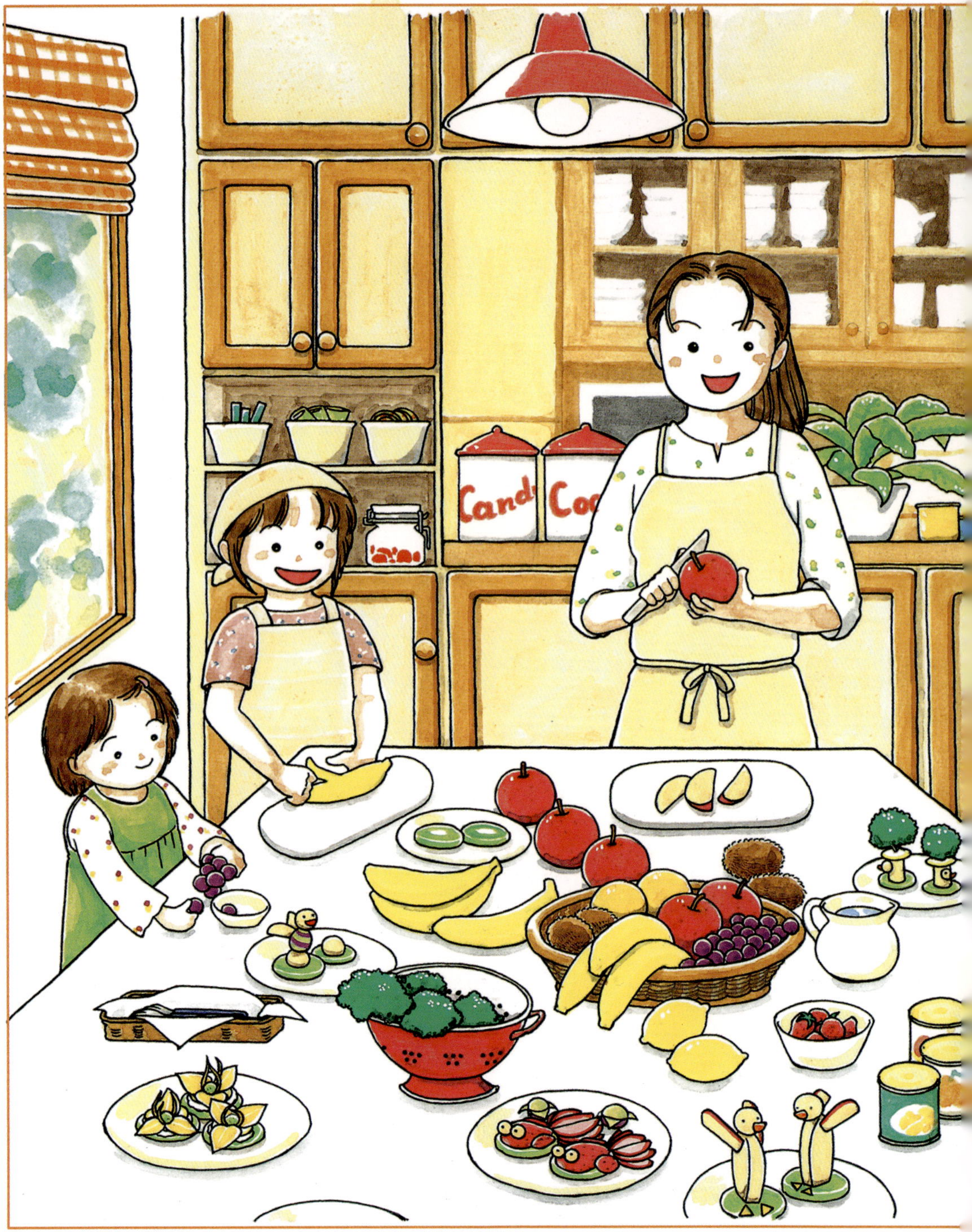
Candy
Coo

ホームパーティー

すぐできる ゾウ

1 キウイで土台をつくる
輪切りにして、皮をむく 

2 りんごでみみをつくる
①でくりぬく　　うすく2枚に切る

3 かおをつくる
みみをさし込む部分を切込む　→　まん中を1/8くらい切りとる　→　乾めんで目をつくる

4 オレンジではなをつくる
1/8にカットしたオレンジの皮をむく　→　片方のはしを切りおとしはなのシワを切込む

5 くみたて
はなをはめこむ　　みみをさし込む

すぐできる コアラ

おいしそ〜 たべた〜い

1 キウイで土台をつくる
輪切りにして皮をむく 

2 りんごでみみをつくる
⑥でくりぬく　　うすく2枚に切る

3 かおをつくる
みみをさし込む部分を切込む　→　まん中を1/8くらい切りとる　→　乾めんで目をつくる

4 キウイではなをつくる
さきを切る　→　1/8くらい切りとる

5 くみたて
はなをはめ込む　みみをさし込む

ジュース

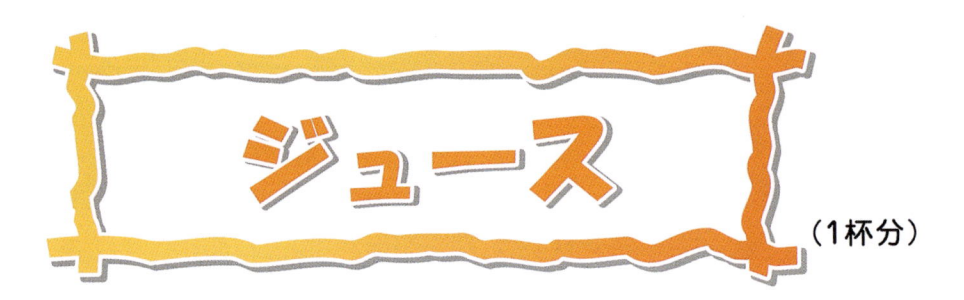

（1杯分）

●イチゴジュース●

イチゴ果肉 …… 90g
牛乳 ………… 150cc
氷 …………… 少々
砂糖 …… ティースプーン2杯

●バナナジュース●

バナナ果肉 …… 90g
牛乳 ………… 150cc
氷 …………… 少々
砂糖 …… ティースプーン2杯
缶詰ミカン ……… 2粒

※ミカンを入れるのは、牛乳とバナナだけでは白すぎるのでバナナの色を出す為にします。味に変わりありません。

●メロンジュース●

メロン果肉 …… 100g
水 …………… 120cc
メロンシロップ … 20cc
氷 …………… 少々
砂糖 …… ティースプーン2杯

●オレンジジュース●

缶詰のミカン …120g
オレンジ1ヶを
搾った汁 ………60cc
水 ……………60cc
氷 ………………少々
砂糖……ティースプーン2杯

●ぶどうジュース●

種がつぶれない程度に
ミキシングします。(6秒程度)
その後裏ごしをして
コップにうつします。

ぶどう …………120g
(皮のついたまま)
水 ……………120cc
氷 ………………少々
砂糖……ティースプーン2杯

●キウイジュース●

種がつぶれない様に
ミキシングします。
(6秒程度)

キウイ果肉……100g
メロンシロップ…40cc
水 ……………100cc
氷 ………………少々

●ミックスジュース●

バナナ果肉………30g
缶詰のミカン ……30g
リンゴ果肉 ………30g
グレナデンシロップ…20cc
水…………………少々
牛乳…………120cc
砂糖 ……ティースプーン1杯

私のフルーツカッティング

澤野賢治

　16年前、京都に移り住み、見知らぬ土地でしたので、近所に住んでいる人々も誰一人として分からずに始めた珈琲店。変わりもののおじさんのやっている珈琲店の印象を与えるために考えたのが、このフルーツ・カットです。

　ある雑誌に掲載されていたトマトの皮を八等分に切ったものを「太陽」と名づけていたのを見て、自分にもできるのではないかと思って、「にわとり」を作ってみました。「にわとり」は私の生まれた干支だった。最初は十二支を作って、サンドイッチなどに添えてお客様に出せればいいなぁと思っていました。しかし女性のお客様に干支で年令が判ってしまうようなことはご法度だと思い、十二支を作ることは止めにしました。

　夏の熱い日差しの中、お店に入って下さったお客様に、ひとかけらの氷をのせた「ペンギン」をお出しし、いささかなり

とも涼しさを表現できたら最高かなぁとも思っています。

「金魚」を作ろうと思ってイチゴをカットしていると、胸ヒレができたりしました。柿をカットしている時に柿のヘタを見てブタの鼻を思いついたりもしました。何とこの世には無駄なものは何もないんだぁと思ったものです。

相田みつをさんの言葉に「美しいものを見て美しいと感ずるあなたの心が美しい」というのがありますが、レモンを手に取って見るとレモン色が、オレンジにはだいだい色のあでやかさが眼に映ります。自然のそのままの色の素晴らしさを痛感させられます。私はいつもお皿の中に黄色、赤色、青（緑）色を入れる事を心掛けています。アボガドを手に取って見ると、何かごつごつしたグロテスクな感じがするので、ゴジラでも作ってみようかと思ったりもします。又、イチゴを手に取れば赤い金魚が頭の中に思い浮かんできます。

以前、にしむら珈琲店で働かせていただいていた時に、当時の社長が私たちに話しておられていた事を思い出します。「感性を磨け」と。店に入って来た時、その場所に、この花がどのように活けられているかということは、これは全て感性の

問題であると良く言われていました。私は人間とは、本来、幸せに生きるものだと思っていますが、時折、少々不幸せと感ずる時もあります。その時にいつも考える言葉があります。それはインターバル、タイミング、バランスということです。不幸と感ずる時には、三つのいずれかが崩れている時だと思います。少し修復してあげれると元に戻るような気がします。これは感性でしょうか、いや哲学かもしれません。

　私の珈琲店は、大きな通りからかけ離れた小さな通りの路地の路地に位置し、看板も上っているかどうか分からないくらいです。こんなところで良く商売をやっているなぁと言われます。にしむら珈琲本店で働いている時会長からフルーツサンドの横に添えてあったリンゴのうさぎはもう古いわねと言われ、その時のフルーツ・カットは仕方なくバナナにキウイをくっつけたその場しのぎのものでした。あれからくらべるとこのようなフルーツ・カットができたかと思うと、いかに人間の環境が大事であるかとつくづく思い知らされました。私のフルーツ・カットの作品はこういう逆境がもたらした私の産物であると思います。

略　歴

澤　野　賢　治

1957年　　神戸に生まれる。
1980年　　立命館大学経済学部卒業。
1981年　　神戸・にしむら珈琲店に勤務
〜88年　　商売のノーハウを教わる。
1990年　　京都に移住し、サワノ珈琲店を営み、
　　　　　現在に至る。

〒600-8804　京都市下京区中堂寺前田町14-12
TEL 075-344-5825
URL http://www.sawano-coffee.com/

ママがちょっと自慢の
フルーツカッティング
―簡単にできるフルーツの飾り切り―

2006年11月28日　初版第1刷発行
2015年3月20日　初版第2刷発行

著者　　澤野賢治
絵　　　さくら吹雪
発行者　柳原喜兵衛

発行所　柳原出版
〒615-8107
京都市西京区川島北裏町74
TEL075-381-1010　FAX075-393-0469
http://www.yanagihara-pub.com

編集　シーグ社出版
印刷　亜細亜印刷

©2006 Kenji Sawano & Sakura Fubuki
Printed in Japan
ISBN978-4-8409-6004-5 C2077
落丁・乱丁本のお取り替えは、お手数ですが小社まで直接お送りください
(送料は小社で負担いたします)。